Bezaubernde Mädchengeschichten für Erstleser

Der Bücherbär
1. Klasse

Liebe Eltern,

jedes Kind ist anders. Manche Kinder kennen bereits alle
Buchstaben in der Vorschule und können erste Wörter lesen.
Andere Kinder lernen das Abc in der Schule. Für das spätere
Leseverhalten ist es jedoch völlig unerheblich, wann die Kinder
das Alphabet meistern. Wichtig aber ist der Spaß am Lesen –
von Anfang an. Deshalb ist das Bücherbär-Erstleserprogramm
konzeptionell auf die Fähigkeiten und Bedürfnisse der Kinder
abgestimmt.

Dieses Buch richtet sich an Leseanfänger in der 1. Klasse.
Die besonders übersichtlichen Leseeinheiten und kurzen Zeilen
sind ideal zum Lesenlernen. Das Hervorheben der Sprechsilben
in Dunkelblau/Hellblau hilft dabei, ein Wort richtig zu lesen
und zu verstehen. So können Leseanfänger jede Sprechsilbe
erkennen: Idee, Radio. Zusätzlich regen lustige Rätsel und
Verständnisfragen zum Nachdenken und zum Gespräch über
die Geschichten an. Denn Kinder, die viel Gelegenheit zum
Sprechen haben, lernen auch schneller lesen.

Ihr Bücherbär

Volkmar Röhrig

Christian Seltmann
studierte Geschichte, Germanistik und Philosophie
in Bochum. Er war Matratzenlieferant, Radiosprecher,
Krankenwagenfahrer, Universitätsdozent, Fremdenführer
und vieles mehr. Er war Pfadfinder und Messdiener und ein
Jahr lang in Spanien. Heute lebt er mit seiner Frau und zwei
Kindern in Coburg und schreibt Kinderbücher. Richtig gerne!

Daniela Kohl
verdiente sich schon als Kind ihr Pausenbrot mit kleinen
Kritzeleien, die sie an ihre Klassenkameraden oder an
Tanten und Opas verkaufte. Sie studierte an der FH München
Kommunikationsdesign und arbeitet seit 2001 fröhlich als freie
Illustratorin und Grafikerin. Mit Mann, Hund und Schildkröte
lebt sie über den Dächern von München.

Christian Seltmann

Nina und der freche Flaschengeist

Zaubergeschichten

Mit Bilder- und Leserätseln

Bilder von Daniela Kohl

Die Gebieterin

Der Bim-Bap ist total faul.
Meist lungert er
in irgendwelchen
Flaschen herum
und macht ein Schläfchen.

Nina klopft an die Flasche.
„Wach auf!", ruft sie.
Der Bim-Bap macht ein Auge auf
und gähnt.

Dann macht er das Auge wieder zu
und schnarcht los.

Nina reibt an der Flasche.
„Komm sofort raus!
Ich bin deine Gebieterin!"

Der Bim-Bap schlüpft aus der Flasche
und tönt:
„Ich bin der Bim-Bap.
Und ich bin mächtig."

Wie holt Nina den Bim-Bap aus der Flasche?

13

„Du bist mächtig lahm",
kichert Nina.
„Ich gebiete dir:
Mach meine Hausaufgaben!"

Der Bim-Bap mault und murrt,
aber er muss gehorchen.
Nina legt ihm die Hefte hin,
und der Bim-Bap legt los.

Da kommt Ninas Mutter ins Zimmer.

„Nina!", sagt sie streng.
„Du sollst die Hausaufgaben selber machen."
„Aber Mama …", mault Nina.
„Nichts, aber Mama", sagt Mama.

Dann wendet sie sich an den Bim-Bap:
„Und du, du Luftikus,
du kommst in die Küche.
Abspülen!"

Der Bim-Bap ist sauer:
„Die hat mir gar nichts zu gebieten.
Du bist meine Gebieterin."

Da hören sie Mamas Stimme:
„Nina, sag deinem Geist,
wenn er nicht bei drei
in der Küche ist,
dann spül' ich ihn die Toilette runter!"

Wie fin*det* der Bim-Bap den Weg zu*rück*?

Der Bim-Bap erschrickt.

Nina murmelt: „Kann sein,
dass ich deine Gebieterin bin.
Aber Mama ist meine."

Als Nina und der Bim-Bap
mit allem fertig sind,
spendiert Mama ein großes Eis.
Das schmeckt!

18

Nina rettet den Bim-Bap

Nina ist also die Gebieterin
von Bim-Bap, dem Flaschengeist.
Und warum?
Weil sie ihn gerettet hat!

Und das kam so:
Am Anfang der Welt
gab es noch keine Flaschen.

Aber irgendwann hat jemand
die Flaschen erfunden.
Das war in Ägypten.

Und als es die Flaschen gab,
da waren die Flaschengeister
nicht mehr weit.

Der Bim-Bap war einer
der ersten Flaschengeister
überhaupt.

Da saß er nun in seiner Flasche.
Oder besser gesagt:
Er saß in seiner Flasche fest!

Wo wurden die Flaschen erfunden?

Ungefähr eintausend Jahre später
grub ein berühmter Forscher
die Flasche mit dem Bim-Bap aus
und brachte sie in ein Museum.

(Der Forscher wusste nichts vom Bim-Bap.
Er fand nur die Flasche ganz schön alt.)

An einem Regen-Tag im November,
wieder hundert Jahre später,
besucht Nina das Museum.

Ninas Bruder findet das Museum
voll dämlich.
Aber Nina findet es toll.

Der Bim-Bap sieht Nina und denkt:
Das ist meine Gebieterin.

Er fuchtelt mit den Armen
und klopft von innen
an die Flasche.

Auf einmal nimmt
Ninas Bruder die Flasche
vom Podest und sagt:
„He – guck mal!
Da ist eine Qualle drin,
die flennt voll fies!"

Eine Qualle?
Der Bim-Bap wird so wütend
wie seit Jahrhunderten nicht mehr.

Glücklicherweise sagt Ninas Papa
in dem Moment:
„Wollen wir jetzt ein Eis essen?"
Ninas Bruder lässt die Flasche
einfach los.

Zum Glück kann Nina sie auffangen!
Dann guckt sie
zum Bim-Bap herein.
„Wer bist du denn?"

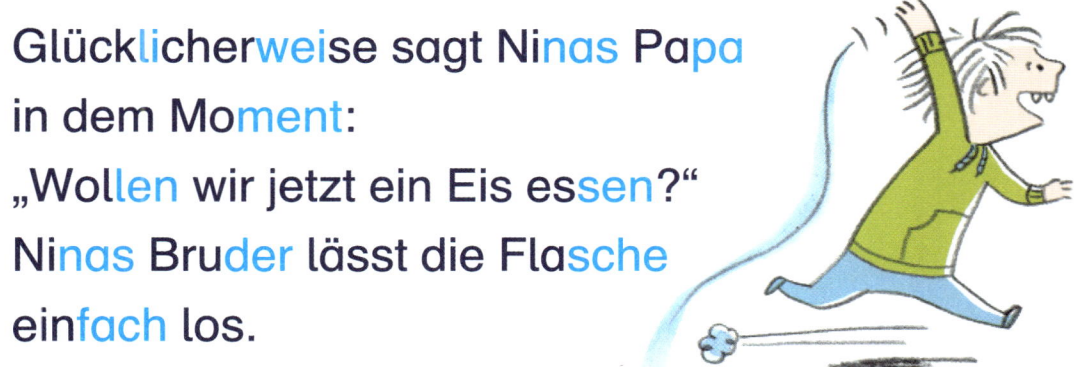

Nina streichelt die Flasche –
einfach so.

Aber jeder weiß:
Wenn man an einer Flasche reibt,
in der ein Geist sitzt,
dann befreit man ihn.

Seitdem ist Nina die Gebieterin
des Bim-Bap.
Und er muss alles machen,
was sie will.

Welcher Kopf gehört zu wem?

27

Der Bim-Bap macht's möglich

Mit der Hilfe des Bim-Bap
kann Nina alles sein:
eine Prinzessin, eine Zauberin,
eine Fee, ein Pirat oder ein Drache.

Das Wohnzimmer wird zu einem Palast,
einer Burg oder einer Höhle.
Heute ist es eine Oase.
Gerade kommt eine Karawane an.

Lesenlernen mit dem Bücherbär

Arena

Themengeschichten mit Silbentrennung

- **Sprechsilben sind hellblau/dunkelblau eingefärbt**
- **Mit lustigen Rätseln & Leseverständnisfragen**
- **Kurze Geschichten zu einem Thema**

Die Bücherbär-Reihe mit Silbentrennung richtet sich an Leseanfänger in der 1. Klasse. Die besonders übersichtlichen Leseeinheiten und kurzen Zeilen sind ideal zum Lesenlernen. Das Hervorheben der Sprechsilben in dunkelblau/hellblau hilft dabei, ein Wort richtig lesen und verstehen zu können. Zusätzlich regen lustige Rätsel und Verständnisfragen zum Nachdenken und zum Gespräch über die Geschichten an. Denn Kinder, die viel Gelegenheit zum Sprechen haben, lernen auch schneller lesen.

Große Fibelschrift und Zeilentrennung nach Sinneinheiten

Mit Bilder- und Leserätseln

Einfache Geschichten mit kurzen Zeilen

Mit Silbentrennung

Viele farbige Bilder

Innenseite aus »*Erdbeerinchen Erdbeerfee –
Lustige Zaubergeschichten*« 978-3-401-**71360**-1

Der Bücherbär
1. Klasse

978-3-401-**71653**-4

978-3-401-**71610**-7

Vorschule

Mein LeseBilderbuch

- **Eine Geschichte zum Mitlesen ab 5 Jahren**
- **Bilder ersetzen Namenwörter**
- **Mit Leserätseln**

Die Bücherbär-Reihe »Mein LeseBilderbuch« richtet sich an Kinder im Vorschulalter. Die Namenwörter werden durch Bilder ersetzt, wodurch auch Kinder »Mitlesen« können, die das Abc noch nicht gelernt haben. Das macht neugierig und Lust auf mehr. Zusätzlich regen Rätsel am Ende des Buches zum Gespräch über die Geschichte an. Denn Kinder, die viel Gelegenheit zum Sprechen haben, lernen auch schneller lesen.

Bilder ersetzen Namenwörter

Große Fibelschrift

Viele farbige Bilder

Innenseite aus »Vom kleinen Igel, der lieber ein ganz Großer wäre« 978-3-401-**70560**-6

**Jeder Band mit
Bücherbärfigur am
Lesebändchen**

Illustration Bücherbär: Frédéric Bertrand

Stand: 15.09.2019 • Preisänderungen vorbehalten

Herausgeber: Arena Verlag GmbH, Rottendorfer Straße 16, 97074 Würzburg

www.arena-verlag.de

Jeder Band:

Ab 6 Jahren • Mit Bücherbärfigur am Lesebändchen
Durchgehend farbig illustriert
48 Seiten • Gebunden • Format 17 x 24 cm • € 9,00 [D]

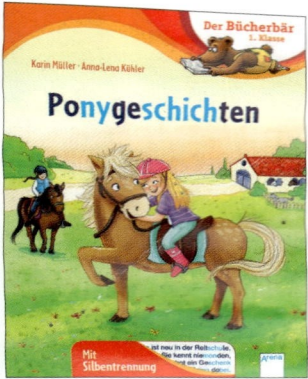

978-3-401-**71568**-1

978-3-401-**71650**-3

Der Bücherbär
1. Klasse

978-3-401-**71651**-0

978-3-401-**71535**-3

Lesenlernen mit dem Bücherbär

Vorschule

Mein LeseBilderbuch

1. Klasse

Themengeschichten mit Silbentrennung

1. Klasse

Eine durchgehende Geschichte in Kapiteln

Punkte sammeln auf antolin.de

Empfohlen von *westermann*

Juwelen türmen sich auf.
Fliegende Teppiche schweben herum.
Kamele kauen auf Palmwedeln.
Es gibt köstliches Obst
und ganz viele Süßigkeiten!

Nina greift nach
einem großen Stück Himbeer-Torte.
Plötzlich sagt eine Stimme:
„He, Nina! Hast du die Fernbedienung?"

Es ist die Stimme von Ninas Bruder.

Alles ist mit einem Mal weg:

die Oase,

die fliegenden Teppiche

und natürlich auch die Torte.

„Nee, ich hab die Fernbedienung nicht!",

motzt Nina.

„Außerdem nervst du!"

Warum ist die Oase plötzlich weg?

Ninas Bruder zieht maulend ab.
Und schon ist die Oase wieder da.
„Komm", sagt der Bim-Bap.
Nina und er steigen auf
einen der fliegenden Teppiche.
Langsam schwebt er hoch.

„Hör mal, Nina!"
Das ist wieder Ninas Bruder.
Nina und der Bim-Bap schweben
auf dem Wohnzimmer-Teppich
durch den Raum.

„Äh …", stammelt Ninas Bruder.
Nina muss grinsen. „Was denn?"
„Ach, nichts", sagt Ninas Bruder.
Mit weit offenem Mund starrt er
Nina und den Bim-Bap an.

Nina und der Bim-Bap
lachen sich kringelig
und fliegen zur nächsten Oase.

Was gehört zusammen?

33

Der Groß-Wesir

Mama und Nina backen Kuchen.
Der Bim-Bap hockt in einem Gurkenglas
und schaut zu.
Papa liest Zeitung.

Plötzlich erscheint ein hagerer Mann
in der Küche.
„Gebt mir meinen Dschinn!",
ruft er wütend.

Papa fragt verwundert:
„Was für einen Dschinn?"

Der Mann wird immer ärgerlicher.
„Meinen Flaschengeist will ich.
Den Bim-Bap!"

Papa sagt höflich:
„Nina, kennst du den Herrn?"
„Nein", antwortet Nina leise.

Der Bim-Bap liegt ganz still
im leeren Gurkenglas
und rührt sich nicht.

Aber der Mann hat ihn schon entdeckt.
Er reibt an dem Glas und schüttelt es:
„Komm raus, du untreuer Nichtsnutz!"

Der Bim-Bap wird
hin und her geworfen
wie in einer Waschmaschine.

„Was machen Sie da?",
ruft Nina entsetzt
und reißt dem Mann
das Glas mit dem Bim-Bap
aus der Hand.

„Ich …", ruft der Mann und
wächst bis zur Zimmerdecke empor.
„… ich bin der Groß-Wesir Semerket,
und ich war es,
der den Dschinn eingesperrt hat!"

Wie nennt der Groß-Wesir den Bim-Bap?

Papa steht auf und
rollt die Zeitung zusammen.
„Jetzt hören Sie mal, guter Mann.
Sie verlassen augenblicklich mein Haus,
sonst…"

Der Groß-Wesir unterbricht ihn.
„Sonst was?",
fragt er gefährlich.

Nina schlottern die Knie.

Papa droht ihm mit der Zeitungsrolle.
„Sonst bekommen Sie es
mit meinem Zauberschwert zu tun."

Der Groß-Wesir lacht sich kaputt:
„Das soll ein Zauberschwert sein?"

Er kommt drohend auf Nina zu
und greift nach dem Gurkenglas.

„Moment!", ruft Mama.
„Hier kommt MEIN Zauberschwert!"

Mit einem Schwups
saugt Mama den Groß-Wesir
in den Staubsauger.
„Versprechen Sie,
uns nicht mehr zu belästigen?"

„Ja, ja! Mächtige Zauberin,
alles, was Ihr wollt!",
heult der Groß-Wesir.

Nina grinst.

Wie vie**le** Bim-Baps kannst du er**ken**nen?

Mama sagt entschlossen:
„Der Bim-Bap gehört jetzt
zu unserer Familie!"

„Ja, ja!", jammert der Groß-Wesir.
„Ich schwöre beim Bart des Ramses,
ich werde Euch nie wieder besuchen!"

Mama holt den Staubsaugerbeutel
aus dem Staubsauger.
„Bring ihn zum Müllschlucker",
sagt sie zu Nina.

„Und tschüss!", ruft der Bim-Bap,
als Nina den Staubsaugerbeutel
in den Schacht fallen lässt.

„Klappe zu – Wesir futsch!",
sagt Nina und lacht.
„Jetzt gehörst du richtig zur Familie!"

Der Bim-Bap jubelt laut und
fliegt herum
wie ein knatternder Luftballon.

Lösungen

Seite 13:

Nina reibt an der Flasche.

Seite 17:

So findet der Bim-Bap
nach Hause:

Seite 21:

Die Flaschen wurden
in Ägypten erfunden.

Seite 27:

Hier siehst du, wie es richtig ist:

Seite 30:

Die Oase ist plötzlich weg,
weil Ninas Bruder ins Zimmer kommt.

Seite 33:

So gehören die Bilder zusammen:

Seite 37:

Der Groß-Wesir nennt den Bim-Bap „Dschinn".

Seite 41:

Es haben sich
12 Bim-Baps versteckt.
Hier siehst du sie:

Sandra Grimm
schreibt seit vielen Jahren Geschichten für kleine und
große Leser. Sie wohnt mit ihrem Mann und ihren
Söhnen in Norddeutschland, wo sie sich jeden Tag an
ihren Schreibtisch setzt und schreibt und denkt und
schreibt … In ihrem Kopf hat Greta schon sehr viel
Spannendes und Lustiges erlebt, das darauf wartet,
erzählt zu werden!

Elli Bruder,
geboren 1980 in der Pfalz, hat schon als kleines
Mädchen gerne Bildergeschichten gezeichnet. Seit
dem Studium in Schottland und Freiburg arbeitet sie
als Grafikerin/Illustratorin. Sie lebt mit ihrem Mann
und einem Stall voller Tiere am Ratzeburger See.

Sandra Grimm

Greta Glückspilz

Eine Schultasche voller Glück

Lustige Schulgeschichten

Mit Bilder- und Leserätseln

Bilder von Elli Bruder

Marie und die Mathe-Hühner

„So ein Glück,
gleich haben wir Rechnen!",
jubelt Greta.

Marie zieht die Nase kraus.
„Rechnen ist doof.
Immer nur Zahlen.
Ich mag das nicht",
stöhnt sie.

Da huscht etwas vorbei.
„War das ein Huhn?",
fragt Marie verdutzt.

Da, schon wieder!
Weg ist es.
Nur eine Feder liegt
vor Gretas Füßen.

Nun rennt Hausmeister Bauer
an ihnen vorbei.
Greta und Marie sausen hinterher.

„Was ist los?",
schreit Greta.

Herr Bauer bleibt
vor dem Hühnerhaus stehen.
„Von meinen zwölf Hühnern
sind einige ausgerissen",
sagt er keuchend.

Greta zählt die Hühner,
die im Häuschen
auf den Nestern hocken.

„Es sind nur noch acht!",
ruft sie.
Marie starrt auf die Nester.
„Dann fehlen vier Hühner",
stellt sie fest.

Greta klatscht.
„Gut gerechnet, Marie!"

Marie ist stolz!
Plötzlich raschelt es
im Gebüsch.
Marie stürzt sich hinein.

„Ich habe eins!",
ruft sie.
Hausmeister Bauer
fängt das zweite.

Greta erwischt
ein Huhn im Spielhaus.
Marie lockt das vierte Huhn
durch ein Loch im Zaun.

Sie setzen die Hühner
wieder in das Gehege.
„4 + 8 = 12!",
rechnet Marie lachend.

Da klingelt es.

Greta nimmt Maries Hand.

„Jetzt haben wir Rechnen!",
sagt sie.

Marie lacht.

„Und wenn es nicht klappt,
hole ich mir einfach ein paar Hühner!"

Wo hat Marie ein Huhn gefangen?

Das Huhn Marta sieht anders aus
als die vier anderen.
Welches ist Marta?

56

Manchmal kitzelt Lernen

„Heute geht es um den Frosch",
erklärt Frau Hase.

Greta schaut aus dem Fenster.
Es ist so schön!
Sie meldet sich:
„Können wir heute
draußen lernen?"

Was für eine gute Idee!

Frau Hase fragt:
„Wie ruft ein Frosch?"
Alle Kinder quaken laut.

„Sehr gut",
lobt Frau Hase.
„Und wie bewegt sich
ein Frosch vorwärts?"

Alle Kinder hüpfen.

QUAK

QUAK

QUAK

58

Doch dann kratzt Frau Hase
sich am Kopf.
„Ich habe keine Tafel
und kein Buch.
Ich kann euch den Frosch
gar nicht zeigen."

Zum Glück hat Greta
schon wieder eine Idee.

Greta darf ganz kurz
mit Marie etwas holen.
Sie huschen in den Garten
des Hausmeisters.
Der hat nichts dagegen.

Greta geht zum Teich.
„Da ist einer",
flüstert sie.

Marie sieht nichts.
Doch Greta beugt sich vor.
Sie greift in das Grün.

Marie staunt:
Greta hat tatsächlich
einen Frosch gefangen!
Rasch laufen sie zurück.

Nun können alle Kinder
den Frosch genau ansehen.

„Er hat Haut
zwischen den Zehen!",
ruft Erik.

HAUT

„Die braucht er
zum Schwimmen",
weiß Marie.

Marie darf den Frosch
zum Teich zurücktragen.
„Das kitzelt in der Hand",
flüstert sie glücklich.

Was sie heute
über den Frosch gelernt hat,
vergisst sie nie wieder!

Warum hat der Frosch
Haut zwischen den Zehen?

Wo hat sich der kleine Frosch versteckt?

Greta und das verflixte B

Greta malt Bommel.
„Das sieht toll aus!",
lobt Frau Hase.
„Nur das B ist falsch."

Greta runzelt die Stirn.
Die anderen Buchstaben
kann sie schon lange.
Nur das verflixte B nicht!

„Das B ist blöd,
bi-ba-bo-blöd!",
singt Greta in der Pause.

Marie singt mit:
„Ich tanz ein B,
ich beiß ein B,
komm her,
das ist nicht schwer!"

Greta muss lachen.
Da entdeckt sie
hinter Marie plötzlich
die Rektorin.

„Schau mal, ein B!",
flüstert Greta.
Sie zeichnet das B
mit dem Finger nach.

Marie kichert so doll,
dass sie von der Wippe purzelt.

Greta lächelt glücklich.
Das B ist doch ganz leicht!

Warum ist Greta glücklich?

Wie kommt Bommel in seine Hundehütte?

Frau Hase ist traurig

Heute ist ein schlimmer Tag.
Frau Hase ist traurig.
Obwohl sie doch heute
Turnen haben!

Uh, ist die traurig!
Greta kann gar nicht hinsehen.
Schon bald ist
die ganze Klasse traurig.

70

Frau Hase erzählt:
„Mein schönes Fahrrad
ist völlig kaputt.
Jetzt habe ich
eine alte Möhre vom Flohmarkt.
Die quietscht auch noch."

Die Klasse lacht.
Eine Möhre?

Da kann Frau Hase
auch wieder lachen.
„Alte Möhre sagt man
zu einem klapprigen Rad",
erklärt sie.

Dann üben sie balancieren.
Das ist fast so schwierig,
wie auf einer Möhre zu fahren.

In der Pause betrachten alle
Frau Hases Rad.
„Es ist doch ganz okay",
findet Erik.

Greta schüttelt den Kopf.
„Es ist alt und hässlich",
sagt sie.
„Aber wir ändern das."

Die Kinder flitzen davon.
Bei Herrn Bauer holen sie
Krepp-Papier und Scheren.
Dann geht es los.

Sie schneiden und binden
und schmücken und wickeln.
Fertig.
Das sieht toll aus!

In der letzten Stunde
kann Greta kaum still sitzen.
Endlich klingelt es.
Alle verstecken sich.

Frau Hase geht zu ihrem Rad.
Überrascht bleibt sie stehen.
Sie schaut.
Dann lächelt sie.

Vorsichtig
steigt Frau Hase auf
und fährt eine Runde.

Die bunten Bänder
flattern im Wind.
Es raschelt
ganz wunderbar.

Greta hält es nicht mehr aus.
„Überraschung!", schreit sie.
Alle springen
aus ihren Verstecken.

Frau Hase lacht
und bedankt sich.
Sie sieht sehr glücklich aus.

„Nachher schmücken wir
unsere Räder auch",
sagt Marie.

Greta nickt.
Wenn das so glücklich macht,
will sie es auch probieren.
Aber eigentlich ist sie
ja sowieso immer glücklich.

Was ist eine alte Möhre?

Wie viele rote Bänder flattern an
Frau Hases Rad?

Lösungen

Seite 55:

Marie hat das Huhn im Gebüsch gefangen.

Seite 56:

Das ist das Huhn Marta:

Seite 63:

Der Frosch hat Haut zwischen den Zehen, damit er besser schwimmen kann.

Seite 64:

Hier versteckt sich der kleine Frosch:

Seite 68:

Greta ist glücklich, weil sie jetzt das B richtig schreiben kann.

Seite 69:

So kommt Bommel in seine Hundehütte:

Seite 78:

Eine alte Möhre ist ein klappriges Fahrrad.

Seite 79:

An Frau Hases Rad flattern zwei rote Bänder.

Volkmar Röhrig
wurde 1952 in Lützen bei Leipzig geboren.
Er studierte Germanistik und Kulturwissenschaft und
arbeitete unter anderem als Hörspieldramaturg,
Regieassistent und Lektor. Seit 1981 ist er
freiberuflicher Autor.

Sonja Egger
wurde 1967 in Graz geboren. Sie studierte das
Fach Bühnenbild an der Universität für Darstellende Kunst
in Wien und absolvierte eine Grafik-Ausbildung.
Seit einigen Jahren ist sie als freischaffende Illustratorin
für verschiedene Verlage tätig.

Volkmar Röhrig

Anna rettet das Zauberland

Magische Ponygeschichten

Mit Bilder- und Leserätseln

Mit farbigen Bildern von Sonja Egger

Arena

Wo bin ich?

„Wo bin ich?",
wundert sich Anna.

Sie liegt
auf einer Wiese.
Doch die Blumen und Bäume
haben richtige Gesichter.
Und alle Tiere rufen aufgeregt:
„Sie ist da, sie ist da!"
Ein kleiner kunterbunter Vogel
piepst zappelig:
„Hihi, sie weiß nichts!"

Welche Tiere
kannst du entdecken?

„Was soll ich wissen?",
fragt Anna erstaunt.
Ein Pony schaut sie
neugierig an.
„Du bist im Zauberland,
und ich heiße Fina."

„Wo bin ich?",
fragt Anna verwirrt.

Da summen und brummen
und piepen
und quieken alle:
„Im Zauberland!
Am Wunderstrand!
Wo Träume leben!
Wo Wünsche schweben!"

„Steig auf meinen Rücken",
sagt Fina, das Pony.
„Ich zeige dir das Zauberland!"

Anna schüttelt den Kopf.
„Ich kann doch nicht reiten."

Fina lacht wiehernd.
„Natürlich kannst du das.
Du musst es dir nur vorstellen!"

Da sitzt sie tatsächlich
auf dem Rücken des Ponys!
„Juhu-juhu!", jubelt Anna.
„Wie geht das?"

„Du bist doch im Zauberland!
Fina ist ein Zauberpony",
piepst der kunterbunte Vogel.
„Und ich heiße Piep."

 Wie ist Anna auf den Rücken
des Ponys gekommen?

Das Zauberland

Fina, das Pony,
läuft schnell wie der Wind.
Das Zauberland
ist sonnig und bunt
und warm.
Piep zwitschert ein Lied.

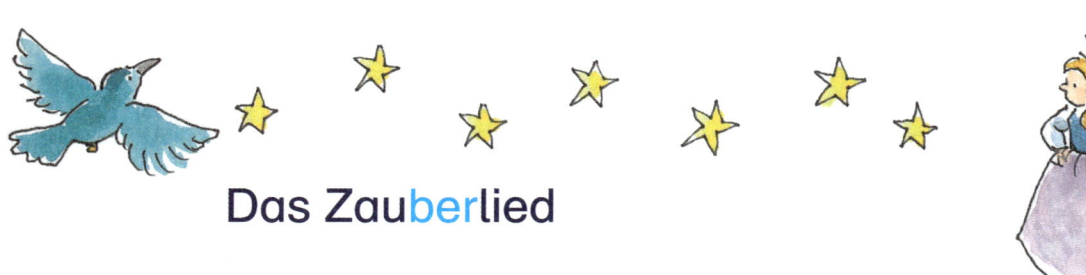

Das Zauberlied

Im Zauberland werden Wünsche wahr,
und Träume werden sonnenklar.

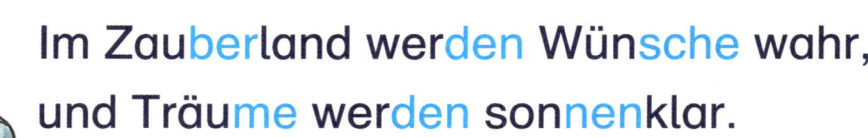

Willst du wie ein Vogel fliegen
oder auf der Wolke liegen?

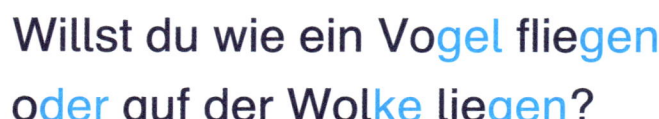

Willst du mal Prinzessin sein
oder wie ein Zwerg, ganz klein?

Willst du tausend Spielzeugsachen
oder einen Feuerdrachen?

Du musst gar nicht danach fragen.
Hier musst du es einfach sagen!

„Ich wünsche mir
einen Berg Erdbeereis!",
ruft Anna.

Peng! Da steht er vor ihr,
groß wie ein Haus!

Fina kann noch anhalten,
aber Piep nicht.
Platsch!, fliegt er ins Eis.

Mit beiden Händen stopft Anna
Erdbeereis in den Mund.

Dann stöhnt sie:
„Ich kann nicht mehr!
Ich wünsche mir
viele Kinder her!"

Und plötzlich schlecken
überall Kinder am Berg.

„Kann ich auch
jemand anderes sein?", fragt Anna.

Schwupp!, sieht sie aus
wie ihr Mathematik-Lehrer.

„Ich verspreche", sagt der Lehrer,
„dass du immer gute Noten kriegst.
Und fünf plus neun ist vierzehn!"

Dann schüttelt sich der Lehrer
und ist wieder Anna, die fragt:
„Wollen wir mal
Schmetterlinge sein?"

Schon flattern drei Falter.
Der eine ist kunterbunt,
der andere hellbraun,
der dritte dreht Saltos.

Welcher Schmetterling
ist Anna?

„Kannst du gut rechnen?",
fragt Piep.
„So wie dein Lehrer?"
„Och", sagt Anna, „geht so."

„Wir können gar nicht rechnen",
zwitschert Piep.
„Das ist unser Problem."

95

Die Gefahren

Plötzlich zieht ein Windhauch
über die Wiese.
Wie eine eiskalte Hand greift er
nach Blumen und Bäumen.
Die Farben verblassen.
Die Bienen summen nicht mehr,
die Vögel verstummen.
Alle frieren.

„Mir ist kalt", sagt Anna.
„Ich will jetzt nach Hause
zu Mama und Papa!"

„Nein, nein!", zwitschert Piep.
„Geh noch nicht!", wiehert Fina.
„Du musst uns helfen!",
rufen alle.

Ein alter Baum
schüttelt traurig
seine Blätter.
„Wenn du gehst,
wird das Zauberland zu Eis!"

Anna ist hilflos.
„Wieso? Was kann ich
tun?"

„Wir dürfen dir
nichts verraten",
murmelt der alte Baum.
„Du musst die Antworten
selbst finden!"

„Komm mit", sagt Fina.
„Ich zeige dir was."

Der Eiswind weht immer kälter.
„Kommt hoch!", ruft Piep.
„Über den Wolken
wärmt die Sonne."

Da streckt sich das Pony,
sein Körper erzittert.
Und aus seinen Seiten
wachsen zwei große Flügel.

Mit kräftigen Schwüngen
fliegt es hinauf zu Piep.
Nun frieren sie nicht mehr.

Doch bald ziehen
schwarze Wolken heran.
Donner und Blitze
jagen ihnen entgegen.
Hagel prasselt herab.

„Hab keine Angst!",
wiehert das Pony.

Wieder streckt es sich.
Doch diesmal wächst sein Fell
immer dichter und länger.
Es schützt und wärmt Anna
wie ein dicker Mantel.
In den flüchtet
auch Piep.

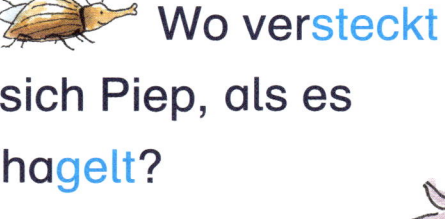 Wo versteckt
sich Piep, als es
hagelt?

Sie haben den Sturm
bezwungen.

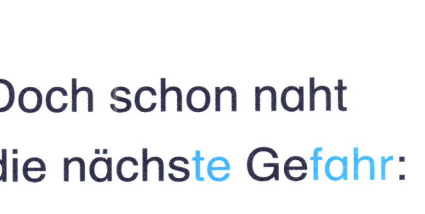

Doch schon naht
die nächste Gefahr:
Vögel aus Eis!

„Pass auf, Fina!",
piepst Piep.

Diesmal streckt das Pony
nur den Kopf vor.
Aus seiner Stirn wächst ein Horn,
groß und stark wie ein Speer.
Daran zersplittern die Vögel.

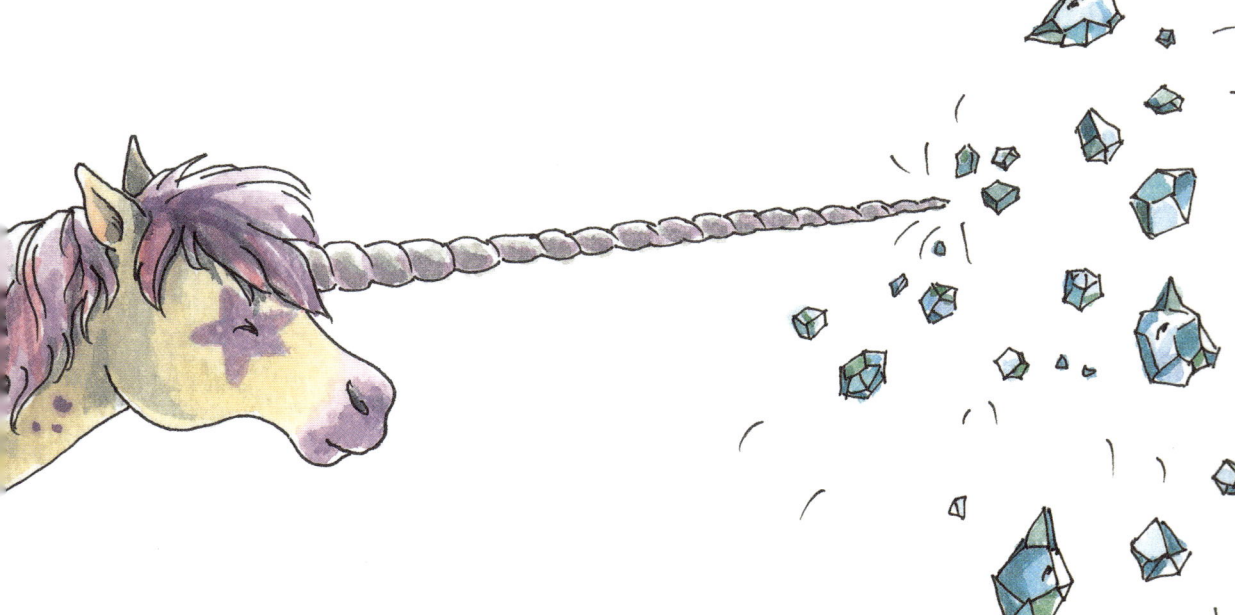

Plötzlich ist Stille,
kein Sturm, kein Hagel,
kein Eisvogel mehr.
Anna atmet erleichtert auf.
„Sind wir gerettet?"

Fina schüttelt den Kopf.
„Nein, jetzt kommt
die größte Gefahr!"

Der Eis**berg**

Da sieht Anna
den Eis**berg** im Meer,
groß wie
ein gan**zes** Ge**bir**ge.

„Das ist das Eis**monster**",
piepst Piep.
„Nur du kannst es
be**zwin**gen."

„Aber ich bin ein Kind!",
antwortet Anna.
„Ihr habt den Sturm besiegt,
den Donner, den Blitz
und die Eisvögel.
Ihr könnt doch zaubern!"

„Nein", sagen beide.
„Da hilft keine Zauberei."

„Hoho!", dröhnt das Monster.
„Ihr habt meinem Sturm getrotzt
und meinen Eisvögeln!
Doch jetzt werdet ihr
meine Kälte spüren!"

„Nein!", ruft Anna mutig.
„Du zerstörst das Zauberland
und all seine Farben
und Wünsche!"

„Ja!", grollt das Monster.
„Alles weiß, alles aus Eis.
Alles traumlos und kalt!"

Das Monster lacht grässlich.
„Ich werde immer mächtiger.
Jeden Tag wächst mir
ein neuer Eisberg.
Jetzt sind es schon …"

Das Monster hält inne und zählt:
„Drei – fünf – sieben – zwölf?
Oder etwa dreizehn?
Oder schon zwanzig?"

Das Monster zählt nervös.
Sein Kopf wird rot.
Dicke Schweißtropfen rollen
über seine Stirn.

Da begreift Anna:
Das Monster
kann nicht zählen
und rechnen.
Deswegen schwitzt es!

Wie viele Eisberge hat
das Monster tatsächlich?
Auf den Seiten 106 und
107 kannst du sie zählen.

„Wie viele Eisberge
hast du morgen?", fragt Anna.
„Und übermorgen?
Und nächsten Monat?"

Das Monster keucht:
„Ich muss rechnen!"
Doch je länger es rechnet,
umso mehr schwitzt es
und taut.
Am Ende
löst es sich auf
im Meer.

Der Geburtstag

Anna erwacht.
„Wo bin ich?",
fragt sie.

Die Eltern lachen.
„Herzlichen Glückwunsch
zum Geburtstag!
Hier ist unser Geschenk!"

Anna jubelt:
„Fina, mein Zauberpony!"

Ein Vogel klopft ans Fenster.
„Oh, Piep!", ruft Anna.

Papa verkündet:
„Heute Nachmittag
fahren wir zum Reiterhof!"

Anna freut sich.
„Juhu, dann kann ich
wieder reiten.
Aber vorher
übe ich rechnen!"

Die Eltern staunen.

Anna lacht.

„Ich war doch im Zauberland!"

Nun verstehen die Eltern
überhaupt nichts mehr.

Aber du verstehst alles,
stimmt's?

Lösungen

Seite 84: Wo bin ich?

Seite 88: Anna ist auf den Rücken des Ponys gekommen, weil sie es sich vorgestellt hat.

Seite 94: Das Zauberland

Anna ist der mittlere Schmetterling und dreht Saltos.

Themengeschichten mit Silbentrennung

Fußballgeschichten
978-3-401-71535-3

Ponygeschichten
978-3-401-71568-1

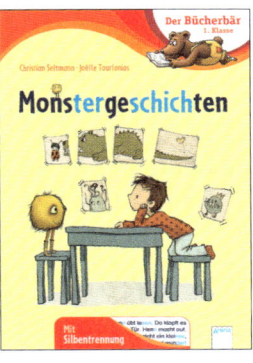

Monstergeschichten
978-3-401-71650-3

Detektivgeschichten
978-3-401-71651-0

Jeder Band: Ab 6 Jahren • Themengeschichten mit Silbentrennung • Durchgehend farbig illustriert • 48 Seiten • Gebunden • Format 17,5 x 24,6 cm

Mit Bücherbärfigur am Lesebändchen

Große Fibelschrift und Zeilentrennung nach Sinneinheiten

Mit Bilder- und Leserätseln

Einfache Geschichten mit kurzen Zeilen

Mit Silbentrennung

Viele farbige Bilder

Innenseite aus »Erdbeerinchen Erdbeerfee – Lustige Zaubergeschichten« ISBN 978-3-401-71360-1

Diese Reihe ist auf die Fähigkeiten von Leseanfängern abgestimmt: Übersichtliche Leseeinheiten und kurze Zeilen sind ideal zum Lesenlernen. Das Hervorheben der Sprechsilben hilft dabei, ein Wort richtig lesen und verstehen zu können.

Empfohlen von _westermann_

Rätselspaß für die 1. Klasse

Kreuzworträtsel
zum Schreibenlernen

Spannende, abwechslungsreiche Rätsel für Kinder zu Beginn der 1. Klasse. Die genialen Kreuzworträtsel sind genau auf die Kompetenzen von Schulanfängern abgestimmt. Sie machen Spaß und ganz nebenbei werden spielerisch Konzentration, Kombinationsgeschick und Rechtschreibung trainiert.

Das muss ich wissen!
Grundschul-Quiz

Basiswissen für schlaue Füchse von morgen: Mit spielerischen und lustigen Quizfragen zum Allgemeinwissen ist der Erfolg in der Schule garantiert. Orientiert an den Lehrplänen der 1. Klasse. Themenbereiche: Deutsch, Mathematik, Sachunterricht, Meine Welt und deine Welt.

Arena

80 Seiten • Block
978-3-401-71500-1

80 Seiten • Block
978-3-401-71506-3

Der Bücherbär
1. Klasse

Eine durchgehende Geschichte

Zwei Meermädchen und ein flossenstarkes Abenteuer
978-3-401-71610-7

Tilda Apfelkern
Beste Freunde und ein Regenbogen-Picknick
978-3-401-71652-7

Millis erster Schultag
978-3-401-71653-4

Jeder Band: Ab 6 Jahren • Eine durchgehende Geschichte • Durchgehend farbig illustriert • 48 Seiten • Gebunden • Format 17,5 x 24,6 cm

Mit Bücherbärfigur am Lesebändchen

Zeilentrennung nach Sinneinheiten

Bildergeschichten erleichtern das Leseverständnis

Große Fibelschrift

Heute ist Millis erster Schultag. Sie ist jetzt eine echte Schulmaus.

Milli läuft los. Den Weg kennt sie genau.

Viele farbige Bilder

Innenseite aus *»Millis erster Schultag«*
978-3-401-71653-4

Diese Reihe richtet sich an Leseanfänger in der 1. Klasse. Mit der großen Schrift, den kleinen Kapiteln und den vielen farbigen Bildern macht das erste Lesen viel Spaß.

Empfohlen von *westermann*

Rate dich schlau!

Die Biene und unsere Natur
978-3-401-71577-3

Die Meise und die Welt der Vögel
978-3-401-71383-0

Der Fuchs und die Tiere im Wald
978-3-401-71380-9

Der Igel und die Tiere in Wiese und Hecke
978-3-401-71381-6

Jeder Block:
80 Seiten • Spiralbindung
www.arena-verlag.de

Anna Lott / Sabine Sauter

Lilo von Finsterburg – Zaubern verboten!

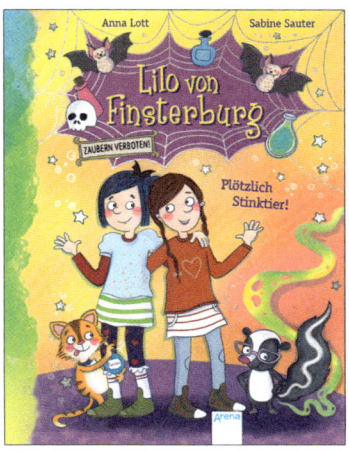

Der total geniale Rückwärts-Trick

Plötzlich Stinktier!

Lilo hat ein supergeheimes Geheimnis: ihre Mama ist eine Hexe und ihr Papa ein Vampir. Echt verrückt, oder? Leider darf Mama unter Menschen nicht zaubern, denn das ist strengstens verboten! Aber wenn Fräulein Rüdiger, der niedlichste Kater der Welt, verschwindet, wird doch wohl ein bisschen Hokuspokus erlaubt sein? Dumm nur, dass Papa bei Fräulein Rüdigers Rettungsaktion aus Versehen in ein Schaf verwandelt wird ... Zum Glück kann Lilo auf ihre beste Freundin Luisa zählen.

Echt supergeheim! Niemand darf wissen, wer Lilos Eltern wirklich sind. Doch was macht Mama Finsterburg, wenn ein Pinguin namens Madame Gustav, der sich für einen Werwolf hält, bei Vollmond die ganze Nachbarschaft zusammenheult? Leise zaubern, natürlich! Das hat Folgen: Madame Gustav verwandelt sich in ein stinkendes Stinktier. Und schon steckt Lilo mit ihrem superniedlichen Kater – Fräulein Rüdiger – im verzwicktesten Zauberschlamassel aller Zeiten.

Arena

96 Seiten • Gebunden
ISBN 978-3-401-71327-4
Auch als Hörbücher
bei Arena audio

104 Seiten • Gebunden
ISBN 978-3-401-71543-8
www.arena-verlag.de

3D Bilderwelten
zum Ausmalen und Gestalten

Der magische Wald

Magische Einhörner
und andere Zauberwesen

Diese magischen Theater enthalten viele zauberhafte Motive zum Ausmalen und immer wieder neu Anordnen. So entstehen unzählige phantastische 3D Bilderwelten und Geschichten voller Feen, Blumen, Tieren, Einhörner, Drachen und Kobolden – ganz nach Geschmack und Laune.

Jeder Band:
48 Seiten • Broschur
Mit goldener Glanzfolie auf dem Cover

Arena

Der magische Wald:
978-3-401-71266-6
Magische Einhörner und
andere Zauberwesen:
978-3-401-71267-3